はじめに

あなたは今、本当にやりたいことをやれていますか。
心から歓んで生きていますか。

人は生きがいを求めます。自分にできることは何だろう。でも何をしていいのかわからない。また、やりたいことが本当はあるのだけど、これまでずっと諦めていた。いつか時間ができたら、お金が貯まったら、老後になったらやろうかなと考えている人も多いでしょう。そう思っているうちに、どんどん人生の終わりは近づいてきます。災害など、いつ何が起きるかわかりません。
私は一年程前にコロナに罹患し、生死をさまよい、絶望的になりました。体が思うように動かず、今まで簡単にできたことすらできない。もう悔しくて悲しくて、それでも何とか生きたい！　動きたい！

何より
「この人生で私はまだ何もしていないじゃないか！」という強い想いが湧いてきたのです。
「こんなところで人生終わっている場合ではない」
そして
「もしも回復したら、世のため人のために何でもやります」と、その時必死で決めたのです。

それまでの私は、何かやりたいことがあるような、でも自分には何ができるのかさっぱりわからず、そこまで本気でみつけようとは思っていませんでした。本気で生きていなかったのです。
体調が回復してから、とりあえず何でも積極的に動いてみました。新しい世界に飛び出し、新たな友人もどんどん増えていきました。そこで、すでにやりたいことをイキイキとしている方々からたくさん刺激を受けることができました。昔から人の話を聞くことが大好きで、相談を受けてアドバイスすることがよくありましたので、思い立ってオンラインで個人カウンセリングセッションをはじめました。いきなりは勇気がいりましたが、これがやってみると不思議とできたのです。話を聞いてその方の背中を後押しする。すると、みなさん最後はとってもスッキリといい笑顔になるのです。

「これこそが、私がやりたかったことだ！」ようやく出会えた瞬間でした。

セッションをしていると「やる気はあるのだけど、自分は何をしたいのかわからない」そういう方が多いことがわかりました。そして一人ずつセッションをしているだけでは間に合わない。「もっとたくさんの方の後押し、やる気をサポートしたい」そんな想いが私の中で芽生えはじめました。ブログを書いていましたが、たいして人の目に触れることもありません。そんな時、気になる出版社が目にとまり、「そうだ！　本を出そう！」と決めたのです。なぜか「今やらないと絶対に後悔する。何としても本を出さなければならない」「これは私のやるべきことだ」と、その時強く感じたのです。

やりたいことが何なのかそれは人によってさまざまです。今の仕事をもっと良くしたい。転職したい。移住したい。趣味をはじめたい。本当は昔からずっとやりたかったことがあるのだけど……などなど。でもそれらをするためには勇気もパワーもお金もいるし、誰かを説得しないといけないかもしれないし、なんだか面倒だという気持ちもある。

それでも心のどこかで、やっぱり何かやりたい。現状を変えたい、変わりたいと思っている方も少なくないと感じます。

それはなぜかといいますと。

『人にはそれぞれ人生でやるべきこと』があるからです。

それがやれていないときは心が定まりません。表面的には充実しているようでも、心の深いところでは満足できていないのです。しっくりきていないのです。人にはそれぞれ人生でやるべきことがあるのですが、多くの人がそれをすっかり見失ってしまっています。

まずは、「みつける！」と本気で決心するだけで人生が大きく動きはじめます。
そして、やるべきことのヒントやきっかけは身のまわりに必ずあります。
今からでも遅くありません。

以前、九州でこんなご婦人と出会いました。東日本大震災の悲惨な状況を見て「こうしてはいられない。自分も何か人の役に立つことをしたい」と一念発起し、ずっと専業主婦だったそうですが介護の仕事を始められたそうです。70代の方でした。その決意と行動力には本当に頭が下がります。

やるべきこととは、これだとはっきりわかることもあれば、自然と流れにのってやっていることもあります。やりたい気持ちはあるのだけど、何から手をつけていいのかわからない。そのためにどうすればいいのか。

まさに、本書を手に取った今があなたのきっかけとなります。

目次

第2章 本当の自分を知る

第3章　やりたいことをみつけるには

第4章 やりたいことがみつかったら

第5章　やりたいことがやれていないときやれているとき

第1章

あなたには人生で
やるべきことがあります

人生でやるべきこととは

『あなたには人生でやるべきことがあります』

これを聞いてどう感じますか？
ここで、目を閉じて素直にじっくりと感じてみてください。

・何だろう、そんなものがあったらいいいな
・なぜかドキッとする
・今はできていないけど、実はずっとそう思って生きてきた
・え〜、別にやるべきことなんてないと思う
・言われなくても、もうすでにやっている　ｅｔｃ.

さて、どんなことを感じるでしょうか。

人生においてやるべきことと急に言われてもさっぱりわからないという方も多いことでしょう。やるべきことというのは、義務感のようなものではなくて「**やりたいこと、好きなこと**」なのです。実はあなたが「**ずっとやりたかったこと**」なのです。

私自身、子どもの頃から、ずっと何かやらなければいけないことがあると漠然と感じていました。でも全くわからないまま生きてきました。そして、本気でみつけたいと決めたことで、ようやく本当にやるべきことがみつかったのです。「**自分がやりたかったことはこれだ**」ということをみつけてやり始めると、人生が今まで思ってはいない方向へと動き始めました。そして、出会うべくして出会ったと思えるような不思議な嬉しい人との出会い、さらにまるで導かれているかのように、こうして本の出版へとたどり着きました。

人それぞれにやるべきことは本当にあります。そして、それをやりはじめることで人生が素敵な方向へ大きく動き出します。ぜひとも多くの方にそれを実感していただければ幸いです。

この地球に生まれて

突然ですが、

地球は今、あなたの目からどうみえますか。

地球は良い状態でしょうか。

悪い状態でしょうか。

異常気象、温暖化、大気汚染、戦争 etc.
あまり良い状態とは言えなそうですね。

それは何が原因だと思いますか。

原因は私たち人間にあるのです。

ここで、きっと
「人間が地球の自然環境を破壊しているからだ」
と、思われるかもしれません。

そうではないのです。
原因は、私たち人間がやるべきことをしていないからです。

私たちにはそれぞれに地球でやるべきことがあります。
でもすっかりそれを思い出せずにいます。
そして、地球に生きていることさえも忘れてしまっています。

地球はバランスをとろうとして動きます。
エネルギーのバランスが大事なのです。
全ては地球がバランスをとるために起きていることなのです。

本来なら、私たちは誰かに言われるまでもなく人生でやるべきこと、やりたいことはわかるはずでした。
本能のようなもので、しっかりと自分の人生を生きることができる予定だったのです。

多くの人が、現代における様々な要因によって、それをすっかり忘れてしまっています。

そろそろ自分のやりたいこと、やりたかったことを思い出しませんか。

私たちは地球に生かされています

私たちは地球に生きています。そんなの当たり前だと思う方もいらっしゃるかもしれませんが、地球の厳しくも豊かな環境のなか、自然の恵みのおかげで生きていること、生かされていることを本当の意味で自覚しているでしょうか。そして、**私たち人間も地球の一部**だということをわかっているでしょうか。

私はわかっていませんでした。自覚できていませんでした。

地球や自然に目を向けることなく人間の社会しか見ていませんでした。

死にかけて、「この人生で自分は何もできていない！」という気持ちが心の底から湧き上がったとき、こうも思ったのです。

『地球のために自然は、動植物たちは精一杯生きているのに、人間である自分は何もできていない。

花は一番自分の良い時を知り、一生懸命咲いて無償の愛を届けてくれる。

草木も根をしっかり張り、空気を綺麗にしてくれている。

動物たちはたくましく大地で必死で生きていて、人間にその命を分け与えてくれている。

犬や猫もその存在だけで人間を癒やし続けてくれているのに。

自分は地球のために何もできていないじゃないか。

一体何のために生まれてきたのだろう。

今まで何をしてきたんだろう。
何もできていない。

これではただ、息をしているだけで、自然から命だけもらって。
本当に生きているとはいえない！』と。

ものすごく悔しい気持ちがでてきました。

この時に私は悟ったのです。地球上の全ての生命が、植物も動物も、魚も微生物も、そして人間も、わけへだてなく本当にそれぞれにやるべき役割があって、それらが調和して地球が成り立っているんだなと。

人間以外の生命はちゃんと役割を果たしているのに、人間ときたら何をしているのだろう。他の生命たちに、何と申し訳ないと思ったのです。

「地球にとって害なのは人間だ、人間がいなくなれば地球は平和だ」という話を聞いたりしますが、とんでもないのです。人間も一人一人が必要だから、私たちはここに生かされているのです。

地球の一部として、人間がそれぞれにやるべきことがあるのです。

私たちが地球に生きているという自覚をスッカリなくしてしまっていることが、実は自分がやりたいことがわからない原因の一つでもあります。

地球で人のやるべきこととは

人は何をやるべきか。

それは、それぞれが「**心からやりたい**」と思っていることです。また、自然界で言えば本能とでも言いましょうか、本能的にこれだと思えることです。

自分の中からハートの叫びのようなものが聞こえませんか？

もしかすると、「地球のために」とか、「役割だ」「やるべきことだ」と言われると、何だか義務っぽくて嫌だなと思うかもしれません。私もそういう、やらされ感は正直苦手です。やれと言われると反抗したくなります（笑）。実は、役目とか、やるべきことだったというのは実際にやってみたら後から感じることなので、そこまであまり気にしなくてもいいのです。やるべきこととは、自分が「**本当にやりたかったことで、実際、好きなこと**」なのです。もしかしたら、今あたり前にやっている仕事だったりすることもあります。決して華やかだったり特別なことではなく、しかしやりがいが感じられて、自分も心から歓び、誰かの役に立ち、周りの人を笑顔にできる。とっても素敵なことなのです。そんな道が人生には用意されているのに見失ってしまっているとしたら、とてももったいないことをしているのです。

地球のためにそれぞれがやること。
それは、一見、地球には直接関係のないようなことでもいいのです。

華やかに活躍するスポーツ選手かもしれないし、何かを教える人かもしれません。
小さなお店を経営することかもしれないし、YouTuberかもしれない。
家業を継ぐことかもしれないし、ボランティア的なことかもしれません。
田舎に移住したり、芸術活動をしたり。
ちょっとした趣味をとても楽しくすることかもしれません。
名もない仕事でも趣味でも、何でもいいのです。
それが心から、本当にやりたかったことであれば……。

役割は人それぞれです。

そこに優劣はありません。

あなたが本当にやりたかったことをすることが地球のためになるのです。

それはやってみたら楽しくてワクワクして生きている喜びを感じることができるはずです。

なぜやりたいことをやると地球のためになるのか

人間がそれぞれにやりたいことは、地球とは直接関係ないじゃないかと思われるかもしれませんが、実は大いに関係があるのです。

やりたいことを通じての人間の重要な役割は、「**発展し、進化し続けること**」です。

科学技術を発達させると自然がどんどん追いやられるから発展しないほうがいいのではと、単純に思うかもしれませんが、当然、そこで大事なことは自然と調和するための進化となります。

また、技術の発展もそうですが、いわば、**心や意識の発展**も人間の重要な任務なのです。

長い歴史をみていくと、日本は今は良い時代になってきました。私たちがこうやって安心して、心豊かな生活ができるようになったのは、まぎれもなく先人たちの努力のおかげなのです。先人たちがどんな困難な状況でも、強く生き抜いてきたおかげで今があります。ほんの少しの昔でさえ、常に命の危険にさらされていたことは想像に難くありません。そんなときも希望を持って、先人たちがやるべきことをみつけてやり続けてきてくれたおかげなのです。

私たちが今、

科学技術を駆使して生活できるのは、
おいしい食べ物をいつでも食べることができるのは、
行きたいところへ行けるのは、
誰のおかげでしょうか。

昔と違って、誰にでも将来への夢を持てるのは、
恋愛が自由にできるのは、
学びたいことを学べるのは、
スポーツや趣味に興じることができるのは、
いったい、いったい誰のおかげでしょうか。

全部先人たちがコツコツと切り拓いてきた道があるからです。私たちはそれに乗っかっているだけです。歴史をひも解いてみればすぐにわかります。どんなに大変な時代を経てきて、今があるのか。

でも、まだまだ世界をみれば戦争もありますし、一見良いと思っていても社会の中にはいろんな心の問題が渦巻いています。人間同士で足を引っ張り合い、本当に大事なことが見えなくなっているのです。

私たちがやりたいことを通してする努力や成長によって、また、人との関係の中で純粋に感謝や歓びを心から感じることによって、社会全体に心や意識の発展がもたらされていくのです。

人間同士も自然も、そして地球も調和して「**共にこれからも栄え続けるため**」に先人たちがやってきたように、次の時代のために私たちが心や意識の発展に貢献することが、未来につながることなのです。

人間には自由があります

木は動くことはできずとも、じっと静かにそこで長い年月役割を果たしています。
鳥も長い距離を飛び続け、越冬するために毎年同じ場所にやって来ます。
それらは誰かに言われたことではなく本能的にやっていることです。

しかしながら、
人間には自由があります。
人間はどこへでも行けます。
好きなことを何でもしていいのです。
しかし、そのため、すっかりとやるべきことを忘れてしまいました。

地球においての人間の存在はものすごく大きいと思いませんか。

そうなのです。

人間の裁量次第で、これからの動き次第で、地球がどうなっていくのか決まるのです。

自由があるだけ責任もある。
いわば一人一人が地球を背負っているのです。
あなたも地球を背負っている一人です。

私たちが心からやりたいと思うことをしっかりとやっていくことが地球のために

なるのです。

そして、人が自由である本来の意味というのは、どこまでも進化発展していくために与えられた自由なのです。

私たちはその気になれば無限に進化しつづけることができるのです。

心や意識の発展とはどういうことか

心や意識の発展というのは、簡単に言えば、社会全体の精神的な面が進化していくことです。

一番わかりやすい例としては、身分制度の変化でしょうか。身分を越えての恋愛や交流が自由にできない時代はほんの少し前まであったのです。今では考えられないようなことがちょっと昔までありました。今でこそ、そんなことはおかしいと思える人が多くなっています。それは意識が発展したからです。昔は、大衆はお上の言いなりでした。その構図が変わってきているのです。先人たちが少しずつそれを変えてきてくれたのです。常識を打ち破ってきたからこそ今があるのです。

次は、現代に生きる私たちが、今の不必要な常識を打ち破り、いかによりよい世の中をつくって未来につなげるかということが役割なのです。**おかしいことをおかしいと言えることが大事なのです。**

スポーツの面もわかりやすいですね。昭和の根性、根性だった時代から、今は楽しんでいい時代になっています。しかも、楽しむことでさらにパフォーマンスを発揮できるようになっているのです。根性の時代には考えられません。

アスリートはおしゃれしてはいけないような雰囲気とかも昔はありましたし、昭和の時代に「楽しみます」なんて言ったりしたら指導者からゲンコツやビンタが飛んできたかもしれません（笑）。「水を飲むな」という時代から、「水分補給はどんどんしましょう」へと、常識はめまぐるしく変わっていくのです。

お互いに高め合うということもキーワードとなります。

昔はあまりおいしくもないラーメン屋でも成り立っていましたが（個人の感想です笑）、今はおいしいところばかりです。ラーメン屋をやりたいという志の方々が切磋琢磨してくださっているからこそのクオリティですね。しかも、昔のように競争して蹴落とし合うのではなく、時には同業者同士で意見を出し合い、さらに高め合うことができるようになっています。これも大きな心と意識の発展です。

また、最近は、店主さんが幸せそうに働いている、小さなカフェや「きっとやりたいことをやって夢を叶えたんですね」というようなアットホームなお店もたくさんあって嬉しくなります。

心や意識の発展というのは、私たちにさらなる「幸せをもたらすこと」なのです。先人たちが「本当の幸せ」がどこにあるのかを常に見失うことなく、次につないできていただけたからこその発展です。また、人と人が関わり合ってこそ生まれるものです。だからこそ、前向きにやりたいことをやることで、関わる人や出来事によって発展していくのです。理屈はシンプルなのです。

自分が幸せでいなければ周りに幸せを広げることはできません。まずはやりたいことをするというだけで自然と笑顔が出てきます。幸せそうにあなたがやりたいことをするだけでも幸せが周りに広がるのです。

しかし、歓んでやるだけでは心や意識の発展はありません。

そこには必ず「成長しよう。進化しよう」という気持ちが必要です。そのうえでの困難や努力もついてきます。困難やそれに向かう努力が、筋肉を鍛えるのに負荷がないと発達しないのと同じで、心や意識も負荷がないと発展しないのです。その努力の結果の幸せが大事です。

逆境で「悔しい」とか「変わりたい、変えたい」という気持ちは特に力になります。

そういった困難に立ち向かっている人は一言で言えば、説得力があるのです。それをみた周りの人の心が動かされます。**何も言わなくても生き様《いきざま》を見せることで伝わるものがあります。**

スポーツがとてもわかりやすい例です。努力を続けることなくアスリートでいることはできません。次々と現れるライバルに刺激され日々進化するための前向きな努力があってこそ、もしも結果につながらなくても、その過程だけでも人の心を動かします。

努力という言葉を聞いただけで、もしかすると拒否反応を起こす人もいるかもしれませんが（実は私もそうです）、当人にとっては実は「ワクワクする！」ことだったりします。アニメのキャラクターにもいますね。強い敵が現れるとワクワクするキャラクターが（笑）。それと似たようなことなのです。周りから見たら「すごいことやってるな」と思うかもしれませんが、やっている本人は、必要なことだと思ってやっているので、実はそこまで努力とは感じていないことが多いのです。アスリートがその努力について「全然大丈夫です」というのは謙遜でもなくて、本気で言っていたりします。後でも述べますが、実は皆それぞれが、やりたいことをできる能力と体に生まれてきているのです。

またラーメンの話ですが、その業界のみなさんが進化しようという意識と努力の結果、味が日々進化してきている。だから、さらにおいしいラーメンが生まれるのです。スポーツにしろ、どんな世界でも、ただ嬉しい楽しいだけで、現状維持のまま進化することを忘れてしまったら発展することはできません。

マイナスというのは悪い事ではありません。マイナスがあるからこそ、プラスに進化できます。心からやりたいことに対しての苦労なら、多少のことでもやれますし、それを経て成し遂げられたときの歓びや成長は素晴らしいものになると思います。

生まれてきた環境には意味がある

私たちは必ず、誰一人として例外なく、両親がいて、母親のお腹から産まれてきました。その前の母から、そしてさらにその前の母からも、はるか昔からそうやって命が続いてきました。ずっと先人が守ってきてくれた命が受け継がれて今の自分があるのです。気の遠くなるようなことですが、ものすごいことです。思いをはせると感動と感謝が湧いてきます。

そんな自分の命を、人生を、簡単に諦めて粗末にあつかっていいわけがありません。

生まれ育ってきた環境にはそれぞれが役割を果たすために意味があります。「親ガチャ」というビックリな表現もありますが、「こんな家庭にどうして生まれたのだろう。他の家が良かった」そのように、若いうちは特に簡単に思うかもしれません。でも、それはいつか何かに気づく必要があるからだったり、やるべきことに向けて、何か意味があってその家庭に生まれてきたのです。

音楽一家に生まれてきた子どもがそのまま音楽の道に進んだり、親ができなかった夢の道を聞かされて育った子どもがそれを叶えたり。早くに子どもが家を出るきっかけになった環境の家庭もあるでしょう。経済的なことや家族の性格的なものなどいろいろと困難もあるかもしれませんが、それらは偶然なことではないのです。自分の道に進むために必要なことなのです。別に親と同じ道を進まないといけないということでもありませんし、その環境は、人生でやるべきことをするためのきっかけとなるものなのです。

生まれ育った土地にも意味があります。その土地でしかできない生業や、その風土が活かされてこそつくることができる食物など生産物もあります。そこに住んでいなければ出会わなかった人たちもいます。自分がやるべきことのいろんなヒントがそこには隠されているのです。

やりたいことは「何で今まで気づかなかったんだろう」と思うくらい身近なところにあったりします。

生まれてきた体、能力には意味がある

私たちが持って生まれてきたこの体や能力にも意味があります。「この体に生まれてきて最高！」そう思える人がどれくらいいるでしょうか。「こんな体に生まれてきたくなかった」そのように強く思う方もいることでしょう。ハンデがあったり、容姿への不満などその人にしかわからないことがあります。たいてい不満があったりします。

反対に、特に体のこと、自分の能力についてを気にしたことがない人もいるでしょう。私も気にしたことがありませんでした。でもこうして自分のやりたいことをみつけてやり始めたことで、ようやく実感できているのです。私がやりたいことには「文章を書く能力」が必要です。「パソコンを使いこなす能力」も必要。「人の話を聞くのが好きなことや記憶力」も必要です。

あなたの好きなことや、あなたができる全てのことは、地球でやりたいことをするために、役目を果たすために必要だから持って生まれてきた能力なのです。

アスリートである私の友人は、「この丈夫な体に産まれたことは意味があると思う」と自覚して自分のできる能力を発揮して活躍しています。テレビなどでも、高校球児たちが、「この体に産んでくれた親に感謝して、自分が頑張ることで誰かの励みになれば嬉しいです」そんなセリフも聞いたりしますね。素敵な話です。そう聞くと、運動があまり得意ではない人はうらやましく思うかもしれません。でも、得意な人もその人なりの人知れずの苦労や努力があって活躍できるのです。

仮に、私がスポーツ万能の体に生まれたと想像しますと、それに伴う努力や修行は無理ですね（笑）あまりやりたくありません。逆に、アスリートの友人からしたら、「文章を書くとか私には絶対に無理」と言われます。ちゃんと体と能力がそれぞれにふさわしいものとして生まれてきているのです。

それは、人よりも繊細な心を持っていたり、動物を上手に育てることができたり、自然を愛でることができたり、手先が器用だったり、機械に強かったり、声が大きかったり、人を楽しませることができたりと、どんなことでもいいのです。本当に人それぞれなのです。そこに良い悪いや優劣はありません。

自分のできることをやればいいのです。
そのために必要な体と能力を持って生まれてきています。
そして、やりたいことで才能や能力をみがき、行動することで、結果、誰かの役に立つのです。

やればできる体と能力を持っているのにそれを活かすことをしないで、いやいや私などと言うのは謙遜でも何でもありません。言い訳をして、やらないだけというのは、裏を返せば傲慢と言えます。そういう人に限ってやっている人に対してダメ出しをしたりします。私も何もできていないときはそうでした。

全く同じ環境、同じ体、能力で生まれた人はいません。

世界中で本当にあなたにしかできないことがあるのです。

あなたは『**唯一無二**』です。

そして、どなた様にも必ず居場所と出番があります。

誰かと比べなくてもいいのです。

特別な人など一人もいないのです。

いるとしたら、みんなが特別なのです。

これがしっかりと理解できると、例えば目立って活躍している人に対してひがむことなく、「この人はこんなに素晴らしい体や頭脳、才能に生まれて、さらにそれを進化させる役目があるのだな。それはそれで大変だなあ。この人も頑張っているのだから、自分もやることを頑張ろう」そのように思えてくるはずです。お互いに高め合えるのです。誰かを批判したり足を引っ張ったりするはずがないのです。

自分のやるべきことをしっかりとやっていれば、どんなことでも必ず誰かの励みになります。やりたいことを、イキイキとしている人はそれだけで本当に素敵なのです。それぞれが唯一無二の存在であると理解できたなら、過度に自慢することもないし、認めてもらわなくてもいい。誰かの目を気にすることもなくごく自然体で生きられるのです。

どなた様も本当に**唯一無二**なのですから。

人間は本来ポジティブな存在です

人間がそれぞれにやりたいことをすることは、地球にとって、もう一つ大切な意味があります。それは、**ネガティブなエネルギーをこれ以上地球にふりまいて欲しくない**ということです。後の章でも述べますが、人は自分のやりたいことができていない状態の時、ネガティブな方向に意識が向きます。そのために、人の足を引っ張ったり、批判したり、エネルギーが有り余っている人ほどおかしなことをやりはじめて、ネガティブなエネルギーを発します。今の世の中の状態はまさにそれなのです。ますます負の連鎖が起きています。

これは地球にとって大変なダメージです。想像してみてください。樹木がネガティブなエネルギーを出すでしょうか。花に「気分がのらないから咲かない」という選択肢がありますか。自然はいつも清々しいエネルギーを振りまいています。人間以外の生命はまっすぐに純粋にそれぞれの役目を果たしているのです。地球がやさぐれて「今日はやる気ないわ～」となるでしょうか。地球が一瞬でもやる気をなくしたら、恐らく私たちはすぐに生きることができなくなるでしょう。

生命はもれなくエネルギーを発します。地球上でこんなに多くのネガティブなエネルギーを発するのは人間だけなのです。

人間は本来ポジティブな存在です

そんなこと考えたことないかも知れませんし、もしかすると、信じられないという人もいるかもしれません。

地球上のすべての生命は本来ポジティブなのです。動植物が大自然のなかで生きる力にあふれた姿をみれば一目瞭然です。どんな状態でも**生きること、成長することを絶対に諦めません。**

「**生きようとする！　成長しようとする！　進化しようとする！**」これはポジティ

ブ以外の何ものでもないのです。

人間も地球の一部です。生まれたばかりの赤ん坊は泣き叫び母親を探し、本能で生きようとします。そして、私たちも生まれてから立ち上がり、歩きはじめ、ここまで成長してきました。これはポジティブだからできることです。

自分の命を粗末にしたり、前向きに生きたいと思えないそんな**ネガティブな発想はとても不自然なのです。**

私たちは本来100%ポジティブです

やりたいことをはじめると前向きにそれを頑張ろうと思えます。本当にやりたいことならポジティブに向かっていけます。一人一人が前向きに動くことでさらに、周りの人も巻き込んで、**プラスの連鎖**が起きてきます。**そのエネルギーこそ地球が求めているものなのです。**本来ならそれがとても自然なことなのです。

地球を感じてみる

地球を感じてみましょう。綺麗な水も空気もあたりまえにあるものではありません。あらゆる生命が人知れず役割を果たしているからこそです。

自然がなければ私たちは生きることはできません。こんなにシンプルな事実を無視して生きていませんか。お店に行けばいつでも普通に食べ物は手に入るし、病気になれば病院に行けばいいと思っていませんか。そもそも、それを支えているものが何なのか。今、衣食住に困っていなければそれらはどうやってあるのか全く気にしないでしょう。日常のありがたさを心底感じるのは災害が起きた時でしょうか。

アスファルトやコンクリートに囲まれていると、土を自然を地球を感じることが難しくなります。ぜひ、自然のあるところに身を置いてみてください。可能であれば大自然を感じられる場所に行きましょう。そして地球を心から感じてみてください。大きく深呼吸して、地球に生きてる実感を取り戻してください。目を覚ましてください。

自然の恵みを改めて感じること。そして私たち自身が地球の一部としてはるか昔から命がつながって生まれ、生きているということを理解すること。

まぎれもなく今、私たちは地球に生きています。

堂々と、「地球と共に生きています」としっかりと立ち上がりましょう。

自分の持ち場を大切にする

テレビでこんな光景を見ました。

ある地域に生きる鳥が、環境汚染のためにオスが少なくなってしまっています。

そのためオスメスでパートナーとなることができず、卵を持ったメス同士でパートナーを組み、子育てをしていました。卵を育てるには一羽では無理なので交代で温めます。でも一つの卵しか巣で温めることができないため片方のメスの卵は冷たいままでした。とにかくその鳥たちは、命をつなぐために、子孫を残すためにはどうすることが良いのかを最優先に本能的にやっているのです。衝撃でした。

かたや、人間はどうでしょう。例えば、自殺率が極端に高い日本は異常ではないでしょうか。鳥でさえ必死で命を守ろうとしているのに、人間が生きる希望を持てなくなっているこの社会をどうにかしないといけないのです。人間なら、知恵を出し合い、皆で協力して卵を二つとも育てることができるはずなのです。そもそも環境汚染を促したのは人間なのでしょうが…。

ただ、そこで直接的に社会にはたらきかけて、何かをする役割の人もいますが、基本は、それぞれが**それぞれの持ち場でやるべきこと、やりたかったことをするこ**

とです。大きな変化の部分は、社会を大きく変える役目の人にまかせればいいのです。まずは自分の持ち場でのびのびとやりたいことをやりましょう。人の持ち場に首を突っ込むことなく、自分のベースがあってからの他者への応援でいいのです。

それぞれがやることは必ず誰かの役に立ちます。

私はたまに行くおそば屋さんがあるのですが、ここのもりそばを食べる度に「生きかえる！」と思うほど感激するのです。たった一杯のそばくらいでと思うかもしれませんが、本気でそう思うのです。店主のそばに対する情熱とエネルギーがそばに込められています。大変繁盛していますので、ここのそばを食べることで、きっと知らないうちにでも多くの人がまた元気に生きるエネルギーをいただいて帰っていくのだろうなと勝手に感じています。

例えば、「推し」がいるから頑張れる。そういう人もたくさんいらっしゃるでしょう。「推し」が自分のやりたいことをイキイキとすればするほど、ファンは頑張れるのです。

「このかっこいい車をいつか買うために頑張れる」そんな方もいらっしゃるでしょう。その車を開発した人、制作する人、販売する人、関わっている全ての人がいるからこそ頑張れるのです。

「毎朝見ず知らずの人だけど、爽やかに挨拶してくれる人がいて元気をもらう」そういう些細なことでもいいのです。あなたがイキイキとやりたいことをすることが、誰かの生きる力になるのです。

また、それぞれに持ち場を大切にすることで、何が起きてくるかといいますと、あらゆる場面でしっかりとした判断ができるようになります。何かをしっかりとベースに持っている人は世間に容易に流されません。信念を持って自分の気持ちや意見を言うことができます。これはとても大切なことです。

そして、持ち場を極めることはある意味その道のプロになるということです。実際に職業としてプロであることは想像しやすいかも知れませんが、例えば、主婦だとしてもプロなのです。しっかりとその道をやっている人は**みんながプロフェッショナルです！**　主婦という役割で家族を支えているのですから、サポートという役割もあるのです。

一見趣味や遊びのようなことだったとしても、どんな人生の役割にも優劣はありません。

自分の持ち場をしっかりとやることが全てにおいてプラスとなるのです。

まずは自分の場所で自分の花を咲かせることに専念しましょう。それが巡り巡って必ず誰かの役に立ちます。みんなつながっているのです。

第2章

本当の自分を知る

やりたいことがわからない

就職支援の相談窓口で働いているキャリアコンサルタントの方がこう言っていました。

『まずは、やりたいことから皆さん仕事を探すのですが、やりたいことがわからない方が多いです。どうしてかというと、やりたいことというのは何だか大それたことだと思ってらっしゃる方が多くて、皆が憧れるような職業とかキラキラしたような仕事を思い浮かべるようです。言葉が一人歩きして「やりたいこと」が夢のようなことみたいになって、ずっと「やりたいこと探し」を続けている。

また、仕事とはこうあるべきとか、常識にとらわれすぎて、収入が安定しないといけないと言い聞かされてきたのか、例えば、中には本当はテレビに出てお笑いをやりたいという方もいらっしゃいますが、それではきっと食べていけないからと自分の気持ちにずっと蓋をしてらっしゃる方もいます』

就職支援の現場でのリアルな声です。

私も友人に「やりたいことって何かある？」と聞いてみると「そんな野望はないなあ」という返事でした。やりたいこととは、すぐには叶わない遠い大きな夢のようなものと思い込んでいるふしがあるようです。

なぜ、やりたいことがわからないのか

なぜやりたいことがわからないのか、それにはいくつか原因があります。

◇前章でも述べましたように、地球に生きているという自覚がないために自分の本能的な感覚を忘れてしまっているから。

◇人間は本来ポジティブであるはずなのにネガティブな方向に意識が向きやすくなっているから。

『そして、一番大きな原因は、子どもの頃から様々な価値観を周りから刷り込まれて、その価値観によって、どれが自分の本心なのかわからなくなっていることです』

あなたは、これまで人生で進路を選ぶうえで、「しっかりと自分の意志でこれだ！」と選択した経験があるでしょうか。自信をもって「自分で全部しっかりと決めました」と言えるでしょうか。

親に言われたからとか、友人が行くからとか、なんとなくこの学校に行って、なんとなく就職してという方も多いかもしれません。私もそうでした。今の成績ならこの高校に行けるから、大学も将来のビジョンもなく、ここなら入れるかもしれないからとりあえず受験してみようかなという選び方でした。

いざ高校も大学も入ってみると、退学する同級生や、もう一度受験をして転校する人も少なくありませんでした。

大学のある後輩は、当時、あまり学生生活が楽しくないようだったので、話を聞いてみると「自分がやりたい仕事の資格をとるためにはここではできないから、やっぱり違う大学に行きたい」と語り、受験しなおして退学していきました。せっかく大変な受験をしてようやく入学できたのに自分の意志でまた受験しなおすというのは並大抵ではできません。きっと、たくさん悩んだ末に親や周りを説得して、勇気もパワーもいるけどその意志はすごいなとも思えます。

子どもや学生のうちは「親がやれと言ったから本当はやりたくないけど、本当は行きたくないけど」と、親や周りの大人の影響をとても受けます。これはある程度仕方のないことですし、生まれてきた環境にももちろん意味があります。感謝とともに受け入れましょう。あとで、自分の本当の気持ちがどこにあるのか、はっきりするためにも必要なことです。

初めは誰でも親や、周りにいる大人の価値観のもとで成長します。でも大人になってからは違うのです。大人になれば自分の気持ちで動き、選択することができます。ただ、大人になってもそのようにできていない方が多いようです。

それはなぜかと言いますと、**親の価値観**をまだ引きずっている可能性があることや、自分の本当の想いや気持ちに気づかずに、**世間で広く受け入れられている価値観**を取り入れてしまっていることが考えられます。

私たちは知らないうちに他の人からの情報や価値観によって動かされているところがあります。これが良い、あれは悪いと、何かをやる前から判断基準を家族、友人そしてネットやメディア、様々なところから刷り込まれてきました。身近な人から毎日のように聞かされる価値観、そしてメディアからも日々いろいろな情報が入ってきます。そのため知らない間に、自分の意見だと思っていても、実は世間だったり、他の人が望むことをやってしまっているのかもしれないのです。

もっというと、「**他人の望む人生を生きてしまっている**」可能性があるのです。

世間で広く受け入れられている情報や価値観とは何でしょうか。これは良くてこれは悪い、正義と悪、人の情に訴えるもの、損得勘定、多数決な考え、中には悪意をもって流されている情報もあります。

以前、私の身内が関わることがニュースになったことがありました。その時、ネット上でのそのニュースへの多くのコメントをみましたが、「本当のことは知らないのによくもまあ好き勝手なことをみんな書いているなあ」と思いました。当事者しかわからないことなのに人は憶測で好き勝手なことを言います。ただ、それが悪いとは思いません。中には大切な声もあります。人の意見はたくさんあって良いからです。大事なのは、それに**流されない自分になることです。**

受け入れること、流されることは本当に楽ですし、無意識で気づかないのです。そして、少しずつ「**自分の本心とはズレた価値観**」が積み重なって自分の意志とは違う価値観ができあがり、それを基準にして行動を選んでしまっているのです。

例えば、レストランでメニューを見て、注文しようとしたときに、最初にこれが食べたい、と思ったものがあったとしても「高い」から「これが流行っている」から「こっちはオススメだから」と、損得勘定や周りの意見によって自分が食べたいと思ったものを食べるという気持ちが薄まっていった経験はないでしょうか。

後で、やっぱり最初に食べたいと感じたものを食べれば良かったと思ったり、今日はあえてオススメを食べてみようかなと自分の気持ちがわかっていれば良いのですが、自分が食べたいと思うものを選べずに食べ続けて、知らないうちにそれが自分の好みだと思い込んでしまうこと、そうやって**自分の本心とはズレた価値観**ができあがってしまうのです。

やりたいことがわからないというのは、自分の本当の気持ちがみえなくなっていることが原因の一つです。自分の本心がわからない。知らず知らずのうちに流され続けてきて本当に好きなものや嫌いなものさえもわからなくなってしまっているのかもしれません。それでは自分の意見を言えないどころか、言いたいことすらわからなくなっている。自分の本当の感覚がわからなくなってしまっているのです。

もう、これはやりたいことをみつける以前の問題です。自分の本心、本音がどこにあるのか。これを知ることはとても大切なことです。

いまの自分の状況を知る

やりたいことが全くわからないという方は、今、自分がどういう状態なのかを感じてみてください。

例えば、

・自分の好きなもの嫌いなものについて考えることがあまりない
・自分の好き嫌いはわかるけど、言いたいことが言えていない
・言いたいことは言えているけどまだやりたいことがわからない
・逆にやりたいことがたくさんありすぎて何をしていいかわからなくなっている
・やりたいことをみつける意味がわからないし、別にこのままでいい
・仕事や日常に追われて余裕がなく何も考えられない
・どうせ無理だからとやりたいことを考えることすらはじめから諦めている　ｅｔｃ.

どんなことでもいいので、今の自分の現状、本音を引き出してみましょう。

自分のことに意識を向ける

以前、子どもの行事を通じて初めて話をしたママさんがいたのですが、お互いの高校時代の話になったりしてとても盛り上がりました。最後に「こんなに自分のことを話したのは初めてだ」といって感涙しそうになっていました。こういう場では子どもを通じての関係ばかりなので「母として」という立場の会話しかしたことがないという意味でした。まさに、「自分の話をすることが、自分のことに意識を向けた状態」だったので、嬉しい気持ちがこみあげてきた瞬間だったのだと思います。

人には社会的な立場があります。外では「会社員」であったり、「接客する側」であったり。家では「父親」として「母親」として「子ども」としてなど。気づいたら、日常でその立場からでしか会話をしていないこともあるかも知れません。

少し話題がそれるかもしれませんが、子育てをしているときに私が考えさせられたのは、「子どもらしさ」ということでした。全く子育てがうまくいかないとき、勝手に作り上げていた自分の中の「子ども像」があったことに気づくのです。ちょっと極端な例ですが「子どもは、ハンバーグとかカレーが好きで、ちょっと怖いことを言えばいうことを聞くだろう、物につられて単純に動くのだろう」と（笑）「子どもらしさ」とはそういうものだろう。それくらいの考えしかありませんでした。実際は全くそんなことが通用しないのです。今考えればものすごく失礼な考えだなと思います。子どもも一人の人間なのです。

それぞれの立場の前に自分が一人の固有の意志をもった人間であることを忘れてしまいがちなのです。

そんな時は、立場を超えて思い切って誰かと話をしてみたり、日常の自分のことを知らない関係の人と話したりすることもいいと思います、「自分のことに意識を向ける」「自分のことや気持ちを語ること」が自分の本心を知ることにつながります。

うわべの自分

人には「うわべの自分」と「本来の自分」があります。「うわべの自分」は、先に述べた社会的立場の自分もこれに含まれますが、「本来の自分」ではない状態のことです。「うわべの自分」は世間の常識に従います。社会的に大きな声に流されます。誰かの意見を鵜呑みにすることもあります。私たちは生まれてからこれまで、いろんな価値観を外から無意識に刷り込まれてきました。それが本当に正しいのか正しくないのかわからないままに。特に学生時代はそれが顕著にでます。家庭や学校という狭い人間関係の中では、発言力の大きい人が正しいように思えます。そのため「本来の自分」を押し殺してしまうのです。

「うわべの自分」は、**人との関係で面倒を起こしたくないという気持ちから自分を取りつくろいます。好きでもないのに好きと答えたり、興味もないことに参加したり。本心ではないことを平気で言ったり、行動したりするようになります。**うわべとしてはとても楽です。しかしながら、「うわべの自分」が大きくなると「本来の自分」がわからなくなってきます。すると、体と心にひずみがでてきます。刷り込まれてきた正義感や責任感に押しつぶされそうになったり、あれはいけない、これはダメだと自分で自分の首を絞めていることに気づけなくなります。

なにより、**「うわべの自分」からは本当にやりたいことはみつかりません。**

本来の自分

「本来の自分」とはありのままの自分のことです。とても素直な状態です。**自然体で何も飾ることなくのびのびと子どもの頃のように無邪気であること**です。

でもそれでは社会では生きていけない。体裁を保ち、人に迷惑をかけないように生きるのが大人だと思い込まされてきました。

「本来の自分」といきなり言われてもわからない方も多いかも知れません。人は、

今さら、ありのままの自分になることが怖いのです。今まで築いてきたものが崩れてしまうのではというくらいの怖さがあります。「本来の自分」は「うわべの自分」とは真逆だからです。そのため、人と比べて自分の考え方や感覚が違うと、**「自分がおかしいのかな」と自分を責めます。その考え方、感覚こそがあなたにしかない、本来の素晴らしいもの**なのに。

　本当に素晴らしいんです。あなたにしかその感覚は表現できないことなのです。言いたいことも言えず、好きだったことにもずっと蓋をして、おかしいこともおかしいと言えなくなっているのです。

「本来の自分」の感覚を信じることです。そうしないと、本当にやりたいこと、やるべきことはみつけられません。あなたはおかしくなんかありません。今は、周りに自分の考えや感覚を理解してくれる人があまりいないだけかもしれません。**やりたいことに向かって進んでいると必ず同じ気持ちの人に出会うことができます。**

　これからは「本来の自分」を大切にしてください。「本来の自分」を愛してください。

例えばやりたいことがあったとしても、「うわべの自分」がでてきてすぐに否定を始めます。

「そんなことを今さらやったって、お金もかかるし面倒でしょ」
「そんなことできるわけがない、周りから変な目で見られるよ」

自分の中からでてきた言葉が、「うわべの自分」の意見なのか、「本来の自分」の気持ちなのか区別することはとても大切です。前章で述べましたが人は本来ポジティブな存在です。ネガティブな言葉は全て「うわべの自分」の言葉なのです。

「本来の自分」に問いかける

ネガティブな言葉は全て「うわべの自分」の言葉です。そう聞いて、信じられない、意味がわからないという方も多いでしょう。ポジティブになんてなれない。バカみたいと、否定の気持ちもでてくるかも知れません。

そこで、「本来の自分」に問いかけるということをしてみましょう。

例）「そんなことできるわけがない」というネガティブな言葉がでてきたとします。

1．こう自分に問いかけて下さい。

「本来の私に聞きます。本当にできないと思っていますか」

「できないでしょ」と即答するかもしれません。それは「うわべの自分」

です。

「本当に本当にそうでしょうか」と何度も何度も深く問いかけてみて下さい。

問い詰めるのではなく、ゆったりと静かにリラックスして問いかけます。

2.「できないというのはどういう理由でそう思いますか」と理由を問いかけます。

「できないものはできない」とか、「普通に考えて無理でしょ」とかいろいろ出てくるかも知れません。

この後の質問は自由に変えてみてくださっても大丈夫です。

例えば、「では、普通って何ですか」と問いかけます。

「世間一般的なこと。だからそんなの想像しただけで無理に決まっている」とでてくるかも知れません。

「うわべの自分」は思い込みや刷り込まれた価値観から勝手に想像して言っているだけです。だんだんと、ただの理屈やいいわけに聞こえてくることでしょう。「本来の自分」ならきっと、『本当はそこまで思っていない。できないとは言い切れない。やってみないとわからない』など、**優しく前向きな意見**が出てくるはずです。

もし、ネガティブな言葉が出てきたら、こうやって「本来の自分」に静かに問いかけてみてください。本当にそう思っているのか、それが本心なのか、何度も自分に問いかけてみてください。ネガティブな言葉はあなたの本音ではありません。はじめのうちはわかりにくいかも知れませんが、慣れてくると「本来の自分」の声が感じられてきます。

でも、ここで大事なのは「うわべの自分」を否定しないことです。嫌がらないでいいのです。**「うわべの自分」も様々な人間関係からこれまであなたを守ってきて**

くれました。そうしないと切り抜けられないこともあったのです。

ただ、これからは、**たった今からは「本来の自分」に戻ると本気で決めてくださ**
い。そして、やりたいことをみつけましょう。やりたいことに邁進していれば「本来の自分」で飾ることなく接することができる仲間が必ず現れます。

ネガティブとポジティブ

前章でも触れましたが、地球が、なぜネガティブよりポジティブさを求めているのかといいますと、**ネガティブな想いや言動は生命のエネルギーを一方的に消費するからです。**ネガティブに意識を向けていると気づかないうちに私たちのエネルギーはどんどん消費され、疲れてしまいます。**まるで吸い取られるかのように元気がなくなります。**そして周りに伝染します。これはとても不自然なことなのです。

反対に、**ポジティブな想いや言動は生命のエネルギーを生み出します。**元気がでて心身ともに充実します。同じくこれも周りに伝染します。**地球上の全ての生命がもともとポジティブな存在ですから、本来ならこちらが自然なことなのです。**

ここで一つ実験してみましょう。

次のようなネガティブとポジティブな2つの意見があるとします。

①「好きなこと、やりたいことをやっていたら生きていけません」

②「好きなこと、やりたいことをやっていても生きていけます」

これを聞いてそれぞれにどう感じますか。じっくりと感じてみて下さい。

①の意見を採用すると、なんとなく元気がなくなりませんか？　きっとうつむきがちになり「そうだよね。現実は甘くないよね」とため息すらでてくるかもしれま

せん。そしてそれを周りにも言って伝染させていきます。

ネガティブな意見には必ず「**限界や制限**」があります。**私たちは本来、常に無限に進化していく存在です。**それを、ネガティブな意識によって自らをストップさせるのですからそれはとても苦しいことなのです。本当にエネルギーを奪われていくのです。

②の意見を採用するとどうでしょうか。元気が出てきませんか。「よし、やりたいことをやるぞ！」と顔も上を向いて希望にあふれた表情になりませんか。その気持ちで動いていると周りにも必ずポジティブさが広がります。
実は、これが本来の私たちの姿なのです。自然界の生命はその存在だけでも人間に元気を与えてくれます。それと同じように**私たちは本来、他者を元気にすることができるのです。**自然界の生命と同じように私たちも、**のびのびと生きる力にあふれ、元々のポジティブさが周りにこぼれるくらい湧き上がり、**他者との**プラスの連鎖**でお互いに高め合い、進化していくことができるのです。

よく言われる「人生って山あり谷ありだよね」とか。「良いことがあると悪いこともあるよね」と思うと一気にテンション下がりませんか。「現実ってそうだよね〜」とすぐに**限界の意識**を採用してしまいます。これも刷り込みなのです。簡単に**一喜一憂することで生命エネルギーがますます奪われていきます**。**良いことがあるとなんだか怖くなるというおかしな感情**にまでなったりします。**常に良いことがあってもいいし、どっちでもいいのです**。そもそも良いと悪いを決めるのも「うわべの自分」が勝手な価値観でやっていることなのですから。

「誰かの役に立ちたい、世の中に貢献したい」という想いは潜在的に誰にでもあります。それは**本来持っている自分のポジティブなエネルギーを周りに広げていくということ**なのです。それによって知らないうちにでも貢献できます。実は、これこそが私たちの役目といっても過言ではありません。

単純にポジティブな人とはまた会いたい、会えば自然と笑顔になりますし、自分もそうなりたいと思えます。人を喜ばせようとしなくてもいいのです。**あなたが無**

邪気に歓びに満ちて動くことで周りに連鎖していきます。特殊な能力も何もいりません。誰にでもできます。「貢献なんて、きっと選ばれた人がやるんでしょ、私には何もできない」と「うわべの自分」がささやくかもしれません。**私たちにはすべての人にもれなく周りに幸せを広げる力が備わっています。**どなた様にも例外なくです。例えば、信じられないという方は想像してみて下さい。無邪気に笑っていた小さい頃のあなたはそれができていました。

「本来の自分」で歓んで生きること。これが真の貢献です。

※ここでとても大事なことが二つあります。
一つはネガティブなことを否定しないことです。否定自体がネガティブなので、ポジティブさの方をひたすら採用し、そちらに意識を向けるだけでいいのです。もう一つは、歓んで生きると聞いて、自分だけの歓びや快楽を求めるのは意味が違います。そこには必ず「**共に皆で進化するという想い**」が大切です。

能力や才能と価値観について

人にはやりたいことをするために持って生まれた体と能力や才能があります。

ここで勘違いされやすいのは「できる」ということだけが素晴らしいと思い込んでいることです。**できないことも素晴らしいのです。**できないことがあるから体験できることがありますし、障害と思っていてもその部分の良さをまだ発揮できていないこともあります。

常識的に考えると意味がわからないかも知れません。「できないことがあると、生きるのが本当に大変なのに何をバカなことを言っているのか」という反論が出てくるかも知れません。それは「うわべの自分」の視点でみているからです。「本来の自分」からみることができたなら「**できることもできないことも、どちらも価値は同じ**」なのです。もっというと全てのことやモノの価値はどれも同じなのです。

学歴が高いことと、低いことの価値は同じです。
歩けることと、歩けないことの価値は同じです。
超社交的なことと、コミュ障も価値は同じです。
生と死も価値は同じです。
清潔と不潔も価値は同じです。
有名人と一般人の価値は同じです。
若さと老いの価値は同じです。
背が高いことと、低いことも価値は同じです。
運動能力が高いことと、低いことの価値は同じです。
病気と健康も価値は同じです。
お金持ちと、貧乏も価値は同じです。

これらを聞いてどう感じるでしょうか。

頭が混乱したり、いろんな感情がでてくるかも知れません。どうぞ混乱して下さい（笑）。感情を出して下さい。

価値というのは、今の世間の常識的な視点からみると、効率が良いか、経済的な面で有利かどうか、勝手な好き嫌いなどで決まっているだけなのです。

本当に全ての価値はもともと同じなのです。善し悪しを刷り込まれてきただけです。

考えてもみて下さい。**この世には完璧な人など一人もいません。**できることと、できないことは誰にでもあります。それが目立っているか目立っていないかの違いだけで、それぞれが何かを抱えて生きています。私の友人は「みんなが障害者だよね」とよく言いますが本当にそうです。人に見せていないだけで、本当はできないことだらけだったりします。できないことはできる人に任せて、お互いに補え合えば良いのです。

私は常々、『全ての人が変で素晴らしい』と思っています。

みんな変なのです（笑）そこが素晴らしい！　面白い！

普通の人などいません。普通って何でしょうか。

この世は、今は残念ながら、多くの人の自信がなくなるような社会となっています。声の大きな人が幅をきかせて、目立つ人だけがどんどん持ち上げられ、もっともらしい正論に打ちのめされて、小さな声の人が遠慮して何も言えなくなっています。

例えば、見えないものが見えたり、聞こえたり、感じたりする能力を持っている人たちもたくさんいます。それすらも本当は生まれ持った素晴らしい能力なのに、ごく自然なことなのに隠さないといけない。おかしな人と思われるからと。どうして隠さないといけないのでしょうか。

生まれ持った全ての能力は自然なことなのです。
否定することが不自然です。

「できないことを隠して、できることまでも隠して」生きるなんてこんなに苦しいことはありません。

できないことは堂々と「できない！」と言いましょう。
できることは堂々と「できる！」と言いましょう。

声をあげたくてもあげられない人がたくさんいます。
あなたが言うことで後に続く人が必ずいます！

こんなおかしな価値観をこのまま、これからの未来を担う子どもたちに伝えていいのでしょうか。「ありのままのあなたを隠して生きなさい」「社会に適合しなさい」「あなたのためを思って言っているのよ」と。いつまで教え続けるのでしょうか。

こんな世の中を変えたいと思いませんか？

あなたにもそれができるのです。

しかし、「こんな世の中はおかしい！」と抵抗したり、何かと戦ったりする必要はありません。大それたことをしなくてもいいのです。あなたが「本来の自分の姿」で、あなたの持つ能力を純粋に発揮するだけでいい。おかしいと言葉で否定するよりも、**当たり前のことを当たり前に実践していくこと**の方が説得力があるのです。やってみせることです。それだけで世の中が変わりはじめます。

常に前を向き続けて進もうとしている人が世の中を変えていけるのです。正義感をふりかざしたり、立派な人にならなくてもいいのです。世の中を変えていける人はいわゆる人格者ではありません。実際に行動して、失敗しても、やらかしてもいい。時には恥をさらしてもいい。それでもやりたいことを諦めずに素直に前を向いてやっていく。そういう人に心が動かされるのです。自分の役割を知り、持ち場を頑張って、背中をみせていくだけでいい。それに勇気づけられて後に続く人が必ずいます。実際にやるべきことは難しいことではなく、それぞれが絶対にできることです。シンプルなことなのです。

第3章
やりたいことをみつけるには

さあ、やりたいことをみつけましょう！

まずはシンプルに「決める」こと

やりたいことがみつからないという方は、まず「やりたいことをみつける！」と本気で決めることです。まずはただ、そう決めるだけでいいのです。決めることで自然とそういう出来事が起きてきます。必要な人に出会い、必要な情報が入ってくるのです。

例えば、すごく欲しいバッグがあったとします。「欲しいなあ、買いたいな」と思っていると、不思議と街でそのバックを持っている人を何度も見かけるとか、あらゆるところでやたらと目に入ってくるようになります。このような現象を心理学用語では「カラーバス効果」といいます。また脳科学分野ではＲＡＳ（ラス）という脳機能の一つになります。私たちが日常で見たり聞いたり感じたりすることを、自分にとって必要な情報と必要ではない情報に仕分けする機能があり、自動的にそれが脳で働いているのです。これは、意識するほどそれに関する情報が目に入ってくるというものです。まずは「やりたいことをみつける」と決めることで意識づけることができます。

私も、コロナ罹患後に、回復したら「世のため人のために何でもします」と決めたことで、人生が動き出しました。その時は具体的に何をすると決めたわけではないのです。とにかく、しっかりと決めることをしたから今があるのだと思っています。

やりたいことがみつからないという方は、まず「やりたいことをみつける」としっかりと決めて意識をすることからはじめてみてください。やりたいことをみつけるために、何をしよう……と深刻に考える必要はありません。まずは本気でしっかりと決める、意識づけるだけでも本当に人生が動き始めます。

自分が好きなものを感じてみる

自分が一体何を好きなのか、あまり考えたことがないと、すぐにはわからなくなっている方もいるかもしれません。意識することでわかるようになってくるので大丈夫です。好きなものと言われて簡単にすぐに思いつくものより、何の分野でこれが好きかということを細かく感じてみてください。今まで考えたことのない分野だとより良いです。たとえば外国なら、この国に惹かれるなあ、行ってみたいなとか。さらに掘り下げて、その国の何が好きなのか。食べ物なのか気候なのかなどなど。

好きなものを一つに絞る必要はないです。いくつあってもいいのです。また、こんなものが好きな自分はおかしいのではないかと否定しなくても大丈夫です。素直な気持ちで感じてみましょう。そして、好きなものが直接やりたいことと繋がらなくても、好きなものを感じるというアンテナを立てることにもなりますし、好きなものについて意識することはそれだけで楽しくなってきます。自分が楽しいと、楽しい情報もどんどん入って来やすくなりますのでおすすめのやり方です。

海が大好きで、思い切って海の近くに移住した方がいます。今はとてもイキイキしていて本当に楽しそうです。転職や移住となるとその過程は大変だとは思いますが、好きなことをずっとやらないで後悔するより、自分の気持ちにずっと蓋をしていたことが本当にできたとき、きっと毎日が楽しく充実してイキイキしてくるでしょう。

自分の良いところをみつけてみよう

自分の良いところはわかりますか？　試しに、ここで読み進めることを一旦やめて、自分の良いと思うところ、長所などを思い浮かべてみたり、書き出してみたりしてください。

思いつきましたか。そこで思いついたことからすぐにやりたいことにつながったら話は早いですが「自分の良いところといってもね～例えばこれかなあ？」と首をかしげて書いたかもしれません。やってみるとわかると思いますが、自分の良いところは、はっきりいって自分ではわかりにくいものです。

次に身近な人にぜひ「私の良いところってなんだと思う？」と聞いてみてください。突然言われても、すぐに思いつかないかもしれませんから「思いついたとき教えて」と言っておいてもいいと思います。また、せっかくなので相手の良いところもみつけてみましょう。

そこには必ずやりたいことへのヒントがあるはずです。

私もこうやって今では本まで書いているのに「文章が得意だよね」と友人に言われるまでは何も考えていませんでした。「いやいや、文章の上手な人なんてもっとたくさんいるし」と思いました。友人にあえてそう言われたことで「そうだったのか！」という自覚が生まれました。その自覚がなかったことを友人に伝えると、「今さら何を言っているの」と笑われましたが。それくらいわかりにくいものなのです。やっている者にとっては自然とできているので当たり前すぎて何も思わないのです。

例えば「ゴミが落ちていたらすぐにさっと拾う」とか、「ハキハキと話ができる」

「ありがとうと素直に言える」「飲み会の計画や予約をすぐにやってくれる」「いつも笑顔だよね」「あなたとただ話しているだけなのになんか元気がでるんだよ」とか、自分ではごくごく当たり前にできることが、他人からみると。実はそれはなかなかできないということがたくさんあるのです。

他者からみた自分の良いところを自覚するというのはとても大事なことです。自分など何もできないとか、特に秀でたところはないなとかすぐに卑下してしまうかもしれませんが、あなたがごく日常的にやっていることが他の人から見れば実はものすごい長所なのです、強みなのです。その強みをみつけて自覚してみましょう。直接的ではなくとも、それを生かせる仕事や趣味が必ずあるはずです。

これまでの人生を振り返ってみる

小さい頃、あなたはどんな夢を将来に描いていたでしょうか。子どもの頃、何に心動かされ、ワクワクしていたでしょうか。絵を夢中で描いていたな～とか。何かを集めるのが大好きだったなあとか。今ではスッカリと忘れてしまった子どもの頃の、あのワクワクした気持ちを思い出してみましょう。

単純に、子どもの頃の夢をかなえましょうということではなく、子どもの頃のような、無邪気でワクワクして自由な気持ちに戻ったら見えてくることもあります。旧友と久しぶりに会って話してみるのもいいですね。これまでの人生を一つ一つ振り返ってみると、意外なことに気づくかもしれません。ぜひともこれまでの人生を振り返ってみてください。

ひらめきに気づいて行動する

ひらめきに気づいて行動してみましょう。

例えば、朝はとても大事な時間です。朝は頭が空っぽになっているせいでしょうか、特にさわやかにひらめきます。何か思いついたりしたときはメモをとってみましょう。また、朝でなくとも掃除や洗濯、散歩や車の運転など、あまり何も考えずに体を動かしている時のひらめきもヒントになります。いろいろと考えるばかりが脳の働きではないですからね。体の動きも脳を刺激します。

どんなことをひらめくかというと、私なら、こうして本に書く内容を思いついたり、あの人に連絡を取ってみようと顔が思い浮かんだり、あのお店にいってみようなどです。おそらく、「動くこと」に意識を向けているので前向きなひらめきが起きてくるのだと感じます。

ひらめきを直感ともいいますが、「自分はそんな直感などあまり感じない」と、いう方もいらっしゃるかもしれません。本来、「感じる」ということはとても大事なことなのですが、現代人は「頭で考える」ことを優先してきているために感じにくくなっています。直感を意識して使っていません。ぜひ、「感じる」ことを意識してみましょう。やりたいことをみつけるためにも大切なものです。

あるアスリートの家庭では「メニューを見たら瞬時に食べるものを決める」など考えるヒマもなく、判断力を鍛えるトレーニングをされているそうです。そうすることで、直感や判断をつかさどる脳の働きを刺激するのです。

ひらめいた後は、ひらめきをそのままにせずに行動してみることが大事です。行動することで、自分の直感を信じることができるようになってきます。ひらめいたことを疑わずに素直に行動してみる。すると、ひらめきも慣れてきて、より楽しくなってきます。

人生の終わりを想像してみる

例えば、人生の終わりを想像してみると、もしかすると「あれがやりたかった！」と思いつくかもしれません。

今は災害など本当にいつ、何が起きるかわかりません。このままの環境がいつまでも続くとは限らないのです。

元気があるうちに、今からでも、やりたいことをやらないといつ終わるかわかりません、人生の時間にも限りがあります。一度、ご自分の人生が終わってしまうことをリアルに想像してみるのもやりたいことをみつける一つの方法です。いろいろと心の奥底にあった本音がでてくるかもしれません。命ある限り、動ける今ならできることもたくさんあります。「まだ何もできていない」と思うのなら今すぐにでも取りかかりましょう。

「もっと○○すればよかった〜！」、「あの人に会いたかった、あそこに行ってみたかった」と、後悔することがありませんように。

感情を抑えつけていませんか

これを読んで、もしかすると、やりたいことをやりましょうと言われても「自分は生きるために、家族のために必死で働いている。そんな悠長なこと言ってられない」と怒りが湧いてくる方もいらっしゃるかもしれません。怒りでも何でも湧き上がる感情は大切なサインです。

頑張って、頑張って働いている人ほど、自分の本音をみないようにしています。なぜなら自分の本音に気づいてしまうと、もしかしたらもう仕事に行く気力もなくなり何もかもが嫌になってしまうのではないかという恐れがあるからです。やらされている感や責任感で働くことは本当にきついと思います。そこに気づいて払拭することはとても大切なのです。仕事がきつい、そして責任を背負っていることが辛いと認めることは自分のために大切です。

怒ったって、悔しくなったって、泣いたっていいのです。気持ちはどこかに出しましょう。家族に言えないときは居酒屋などで友人や誰かに話すなど、本音を話しましょう。自然の中に身を置いて、静かに感じてみるのもいいです。自分の本当の気持ちに気づきましょう。そうでないと思いつめた勢いで本当に人生を終わらせてしまうかもしれません。気持ちがいっぱいいっぱいになって体が突然悲鳴をあげるかもしれません。

まずは、この人生があなたの人生であることを思い出してください。誰かのために働くという気持ちに押しつぶされそうになっていませんか。**あなたの人生を生きていいのです。**家族も周りもあなたが犠牲になることなど本当は望んでいません。言葉にしないだけで、あなたの頑張りをわかっていないわけがありませんから。

うらやましいという気持ちに気づく

やりたいことを見つけるために、うらやましいという気持ちは一つのヒントになります。

あなたは、何をみて、どういう人をうらやましいと思いますか。

絵や陶芸などアートなものとか。歌手でしょうか。何かのお店を開いている人でしょうか、はたまたYouTuberでしょうか。田舎でのびのびと暮らしている人でしょうか。

それは、自分もそれがやりたい！　それになりたい！　と潜在的に思っていることだったりします。もしかすると、「自分のほうがそれをやればうまくできるのに」と思って人に強烈に嫉妬すらしているかもしれません。自分が本当はやりたいのにやれてないからです。やりたいと思ったら、ぜひそちら側の人を目指しましょう。

うらやましいものが思いつかないという方は、これから意識をすることで、憧れうらやましい気持ちや、なぜだかウズウズすることに気がつくかもしれません。これまでは無意識に感じていることだったりしますので。

いつもと違うことをしてみる

いつも通っている道、いつも行くお店があると思います。たまには、違う道を通ったりあまりいかないようなお店や場所を訪れてみたりしてみる。目的を特に決めずに気ままに歩いてみたり、ドライブに行ったりするのも良いですね。頭で最初から必要以上に計画を立てて進むとそれ以外のものが目に入りにくくなってしまうので、いつもと違うことを気楽にやってみる、飛び込んでみるのも何かを新たにみつけるのに良い方法だと思います。

また、なぜか今まで避けてきたことや、あえて苦手なことにチャレンジしてみるのも良いですね。

いままでのキャリアをゼロにして考える

これまで経験してきたことや資格や経歴、そこにこだわりすぎても本当にやりたいことをみつけるうえで足かせになることもあります。

周りの人もきっと「この経歴を生かさないともったいない、せっかくとった資格なのに無駄になるよ」と言うかもしれません。でも、そうなると広く視野を向けて探すことができなくなってしまいます。本当にやりたいことは全く違うところにあるかもしれないのです。これまでの経験で自分の体に身についてきたことは、違う分野でも必ず役に立ちます。今までの人生の資格や経験に直接こだわることなく、まずはゼロの状態で自由に探してみましょう。

「どんなことでもやってみたい、どこにでも行ってみたい」そのように広くフリーな気持ちで考えたほうがみつかりやすくなります。

第4章
やりたいことがみつかったら

誰かの真似から始める

やりたいことをすでにやっている人がいるのなら、わからないときはどんどん真似をしてみましょう。

私もセッションをいきなり始めたので何もわからず、内容の書き方、支払い方法はどうするなど、同じようなことをされている人の真似をしてみたり、時には直接聞いたりして始めました。真似をすることが一番早いのです。遠慮せずにありがたく参考にして時間を有効に使いましょう。真似からはじめてもちゃんといつかは自分のスタイルになっていくのですから。気にすることはありません。

そして、次はそれが誰かの見本になっていきますし、もし誰かに聞かれても快く答えることができます。

言い訳を捨てる、チャレンジする

やりたいことをはじめるとき、また、ちょっと気落ちしたときのメッセージです。

お金がないから。
時間がないから。
若くないから。
自分にはとてもできないから。

でもやりたいことならば！
やれば、やってみればいい。
とにかく進んでみること。
誰かに助けを求めたっていい。

やらないうちに諦めるより、やって進んでいけば必ず無駄にはならないから。
壁にぶち当たることもある。
そこで助けてもらったら本当に人に感謝できたりもする。
一人で進まなくてもいい。
誰かに泣きついたっていい。

あとでやっぱりチャレンジしていれば良かったと後悔するよりも。
やってみる。やりはじめてみる。
本気で進んだ、その全部が必ずあなたの力になります。

全部話さなくてもいい

やりたいことを始めるにあたって、よくある悩みとしては、家族や周りへの理解が得られない場合です。このような時は、しっかりとやりたいという気持ちを伝えることです。人に説明をすることは、自分がどうしてそれをやりたいのかということの確認にもなりますし、計画の手順も同時に考えることもできます。

でも、時にはやりたいことについて、何でも全部話さなくても良いのです。自分で責任を取れる範囲であれば秘密にしていても大丈夫です。ビクビクしないで堂々とやりましょう。それが本当に、やりたいことなのですから、いつか説明するときが来たら熱い想いを語ればきっと伝わると思います。

また、やりたいことをすでに始めていて、家族があまりいい顔をしないような内容だったとします。でも自分がそれをやりたいと思っているのなら引け目を感じることなくやりましょう。「行ってきて良いかな?」とおそるおそる家族にきくのではなく、予定をしっかりと立ててから「行ってくるね!」と楽しそうに出かければ良いのです。あなたがいつも楽しそうに出かけて、家でも機嫌良くしていれば家族も反対はしなくなるでしょう。

退路を断つ、先に決めてから動く

やりたいことが完全に決まったら、実行してみましょう。

いろんな人にやることを宣言して、簡単には後戻りできないようにするとか、必要な道具を先にそろえてしまうとか。すでに、自分のしっかりとした決心があれば、ゆるがないように退路を断ってみることも一つの案です。

私は本を出版するにあたって、出版社を完全に最初から決めてから書き始めました。もう後戻りができない状態でやりました。まだ書く内容もしっかりと決まっていないうちにです。友人や周りにも書いていることを伝えて、あとはやるしかないという状態にしたことで、より集中力も持続力もあったように思います。

何事も始めるということはパワーがいります。「ヨイショ」と腰をあげるのが最初は大変だと思いますので、こういう方法も時には必要かもしれません。

できるだけポジティブな人と話をする

やりたいことがみつかり、うまくいかないときは、いろんな人に話してみたり、助けを求めることも大切です。それもできるだけポジティブな人に話してみましょう。なんとなくネガティブな人に話すと、「あーそれは無理だね」と言われてやりたいことの計画が終了してしまうかもしれません。

前向きな人の意見は参考になります。私も後ろ向きになったときはすぐ誰かに相談します。そこで解決しなくても前向きな人とは話をしているだけで気持ちが回復してきて、「よし！　自分もやろう」と切り替えることができます。とにかくいろんな人に聞くことは大切です。どなた様も、聞かれないと自分のことは話さないだけで本当にいろんな経験をしてきているのですから。

人との出会い

時には「この人に出会うために今日私はここに来たんだ」そのようにはっきりとわかる、人生でとても重要な出会いもあります。それくらい、人との出会いは嬉しいものです。

もしかすると、あなたがやりたいことをはじめることで今までの友人が離れてしまうこともあるかもしれません。でも大丈夫です。逆に、必ず新たに集まってくる人もいます。「大人になってから、こんなに親しい人ができるとは思わなかった」と感じるような友人が増えるでしょう。自分の動きが変わったのですからそういうことも起きてきます。

あまり気にせずに「来る者拒まず去る者追わず」でいきましょう。

思う通りにいかないとき

思う通りにしたい。その気持ちはよく分かります。思う通りにいかない時は、「なんで！　どうして？」と腹が立ちますし、どうしてわかってもらえないのか、という気持ちから相手をけなしたくなるときもあります。

でも、思うようにいかないときは、そっちではないよというサインかもしれません。もしかすると、他にも方法があるかもしれません。視点を変えてみることが大事です。

また、「タイミングではないからちょっと待ちましょう」という知らせかもしれません。どんどんやりたい、進みたいという気持ちもあるでしょうが、自分の動きは個人的な動きだと思っていても、全部が世の中の動きとリンクしているので、いろんな条件がそろわないと進まないこともあるのです。これまでのことを振り返ってみましょう。ここまで来られたのは自分だけの力ではないはずです。関わった方々への感謝を思い出してみましょう。

無駄な思考の時間をやめる

考えすぎることはあまり良い方法ではありません。「ああでもない、こうでもない」と頭の中がグルグルとしていませんか。ここでも実は生命エネルギーが消費されていくのです。思考することで疲れてしまいます。

このような時は「考えることをやめる！」と決めるといいでしょう。決める力を使います。

考えなくなると、本当に頭がスッキリします。決めることで、もし、考えはじめたとしても「あ、今考えているな」と気づくことができるようになります。

ただ、思考をやめるとスッキリはしますが、今度は何だかソワソワするかもしれません。おそらく、今まで考えることに集中していたので、それがなくなり、意識をどこに向けて良いかわからないのだと思います。今まで頭に置いていた心の置き場がわからなくなったそんな感覚になることもあるかも知れません。

そんな時はおへその下の部分にあたる臍下丹田《せいかたんでん》というところに意識を向けてみて下さい。武道の考え方でもここはとても大事な部分です。そこに意識を向け、力を入れると姿勢も良くなりますし、気持ちもどっしりとします。

頭に意識を向けすぎると気持ちが浮ついてきますので、臍下丹田に意識と力を向けることで、心も体もどっしりとしてきます。できることはやって、あとは「人事を尽くして天命を待つ」というくらいの気持ちで無駄な思考はせずに、ゆったりといきましょう。

人は弱くはない

人を助けたい。それがやりたいことだと思う方も多いと思います。実際に、人を助けることをされている人がよく言うのは、「人を助けているつもりが、実は自分が助けてもらっている」「かえって勇気をもらった」ということです。

最近はすぐに何でもケアが必要だ、と守ることが過剰になっていると感じませんか。守られてばかりだと逆に人は弱くなります。例えば自分が子どもだった頃を思い出してください。そんなに弱かったでしょうか。もちろん本当にサポートが必要な人もいるとは思います。

被害者、被災者、そういう言葉がついた途端に、何だか弱くなってしまうのです。昨日の自分と事が起きた後の自分と何が違うのでしょうか、もちろんある程度の精神的なショックはあるでしょうが、自分の芯の部分は変わらないはずなのです。

以前、私の家族が命の危険のある病気になったのですが、これを知った知り合いがものすご～く同情するような目で私をみて、「大変だね」と言ってくるのです。そういう目で見られるだけで、「私はかわいそうな人なのかな？」と思いました。とても変な感じでした。

人は本来強いです。弱くなんかありません。助けるということに意識が向きすぎると「共依存」になることもあります。助けることは必要最低限で、お互いが自立するための助け合いなら良いですが過剰に干渉しないことです。

お金について

多くの方がお金については悩みどころかもしれません。

例えば、一杯1000円のラーメンがあったとします。私は瞬間的に「高いな」と思います。でも、テレビなどでそのラーメンを開発する過程から、材料、仕込み、店主の心意気（笑）まで見たりすると「1000円では安い、もっと払ってもいい」と思ったりもします。その信頼と情熱に対して「むしろ、よろこんで払いたい、応援したい」と感じるのです。つまり、単純に安いことだけが良いというわけではないのです。

私もセッションをして、お金を自分が払ってもらう側になった時、初めは無料体験ということでやってみましたが、とても労力がいるのでこれでは無理と思い、早い段階で有料にしました。

必要な対価はいただき、自分も必要な対価は払う。これはとても大切なことだと感じています。私はおいしいラーメンを作ることができないし、魚を捕ったり野菜も育てることができません。ましてや、家電製品をつくることなど到底無理です。自分ができないことに対して**感謝を込めて歓びと信頼に対してお金を払う**のです。そうすると何が起きてくるかというと、信頼と応援を込めてもらった側はさらにもっと頑張ろうと思えるのです。**お金はエネルギーです。**どんなエネルギーを乗せて払うのが良いでしょうか。渡した相手から、またさらに他の人へと、世界中に回っていきます。快く払えば、自分も、もらう側になったときに堂々ともらうこともできます。**お金ひとつでもポジティブに使うかどうかで流れが変わってくるのです。**

お金は一つの手段です。本当はお金自体を欲しいわけではないはずです。どのように使うかが大事なのです。お金自体に振りまわされることなく、執着しすぎることなく、前向きに感謝を込めて有効に使いましょう。

自分の実感したことを大切にする

周りから反対されたとしても、心からやりたいと思うことはぜひやってみましょう。やってみないとわからないし、自分が実感したことが全てです。たとえ、変な目で見られたとしても、やらないで後悔するのならやりましょう。あなたの人生ですから。あまり誰もやったことがないことをする時はそういうことが起きます。時代を切り拓く人たちは常にそうなのです。でもそういう人は「へこたれない心」をちゃんと持って生まれて来ているはずです（笑）。

やりたいことをやれていない人はやっている人のことを簡単に批判します。自分で体験することなく理屈ばかりならべます。**足を引っ張る人に構わなくても大丈夫です。我が道を行きましょう。**

私自身も人がプラスに生きていくために必要なエネルギーの話をするのですが、みえないものなのですぐには理解してもらえません。でも、自分が実感して本当に良いと思っていることなので伝えさせていただいています。不思議と直感でアクティブに動いている人はすぐに良いものだと理解して受け入れてくれます。

でも、ここは気をつけてください。自分のやっていることが、意地を張っていないか、独りよがりになってないか。人を陥れることではないか、そして、本当にそれが自分のやりたいことなのかは常に振り返る必要があります。

「これは違った！」と気づいたらすぐに軌道修正すれば良いのです。もしも真逆を行っていたとしたらまた戻れば良い。失敗した経験も無駄にはなりません。失敗したことも実感ですし、誰かに失敗談としてシェアすることもできます。**行動して実感したことが最も大切なのです。**

感情をプラスに変える

マイナスな感情は悪いことではありません。あなたが発する心のサインなのです。

そのサインをしっかりと受けとめることで、それをプラスに変えていくことができます。すると、どんどん自分の心が強く、器が大きくなっていくことができます。

【傷ついたとき】

人に何か言われて傷つくこともあります。傷つくことは悪いことではありません。傷つくということは自分が気にしていることをはっきりと見せられたということです。嫌かもしれませんが図星なのです。ここで傷つくきっかけとなった出来事や相手を恨むと何の成長もありません。

気にしていることは、実は、自分でも内心どうにかしたい、変わりたいと思っている部分なのです。素直に受け入れてみて下さい。ここで受け入れないとまた同じことが起きます。何度でも起きます。それは潜在的にあなたがどうにかしたいと思っているため、まわりがそれを指摘してくれているだけなのです。

まずは、傷ついた気持ちを素直に感じて、静かに受け入れてみましょう。もし、受け入れるということが難しい場合は、傷ついた気持ちに「寄り添う」と思ってみてください。そっと寄り添っているとだんだんと癒やされてくるでしょう。すぐにできなくても、慌てなくてもゆっくりで大丈夫です。

そして、いつか、もう同じことを言われても傷つかなくなった。そうなった時は指摘してくれた人に「ありがとう」という気持ちすらでてくることでしょう。

【悔しいという気持ち】

やりたいことを始めると、すぐにはうまくいかないことも多いので、「悔しい」という気持ちがでてきます。これはとっても大切な気持ちです。「悔しい」という気持ちには「さらに前に進みたい」や「自分はもっとできる、こんなものではない」という強い想いが隠れています。これまでこんなに悔しいことはなかったと思うかも知れません。それくらいあなたが本気で進んでいる証拠です。どんどん悔しがってください。悔しいという気持ちはバネになります、受け入れて、ドンと飛び上がりましょう。

【怒りやイライラについて】

怒りやイライラは、傷つくや悔しいと同じで、自分の中の何かできないことについてイライラしたり、実は、人に怒っているようで「怒っていることを許せない自分」に怒りが湧いていたりします。「人を許しましょう」とよく言いますが、実は人を許すことはできません。「人を許せない自分」を許すことが必要なのです。

自分を許すにはどうすればいいかといいますと。「許せない！」という頑なな気持ちがあるとします。「クソ～！　あいつのことは絶対に許さない‼」とカッチカチに固くていきなりそれをほぐすことは難しいことでしょう。許すためには、その頑なな気持ちを、ほんの少し「**ゆるめる**」ことで可能になります。縛った縄のように固くなったものでも少しゆるめるだけでそこから次第にほどけることができます。自分の中にある頑なな気持ちを「**ほんの少しだけ、ゆるめる**」と決めましょう。ゆるめると思うだけで、ゆるみはじめてきます。時間がかかるかも知れませんが、だんだんと心も楽になってくるはずです。

自分にあった居場所をみつける

やりたいことをはじめると、交友関係が広がり、様々なグループに参加する機会も多くなると思います。そこで自分にあった居場所をみつけることはとても大切ですが、「違和感」を大切にして下さい。「あ、これは違うぞ、自分の居場所ではない」と気づいたらすみやかに軌道修正です。「自分が苦しくないか」「流されていないか」「自由があるのかないのか」「やりたいことがやれているか」などを感じることはとても大切です。誰でも自由なのですから無理して居続けることはありません。自分の気持ちに正直になって、いたくない場所にいることはないのです。

また、何かを習った際に、素晴らしい人生の指南役のような方々に出会うこともあります。でもその方々に従うことも良いですが、過度にあがめ奉らないように。あまりにも傾倒しすぎると、伸び悩んでしまいます。**あなた自身が自立することがとても大事です。**子は親を越えること、弟子は師匠を越えることが役目です。**真の尊敬というのは特定の誰かにだけ向けられるものではありません。**全ての人の価値は同じですから。違和感や気づきを常に大切にしてください。

自分を褒める

自分を褒めていますか。

「自分で自分を褒めるなんてそんなことできない」「恥ずかしい、バカみたい、自己中だ」そのような気持ちがでてくるかも知れません。自分を褒めるといっても、例えば人に向かって「私ってすごいでしょう」と言う自己顕示とは違うのです。

誰かに認めてもらわなくてもいいのです。自分が自分を認めることです。これは自分の中だけで完結します。

「できなかったことができるようになった」「うまくいかなかったけどチャレンジすることができた」「今日一日、本当によく頑張った！」極端なことを言えば、**今、生きているだけでも凄いこと**なのです。ちょっとしたことでも褒めていいのです。それが次への活力になります。

もし、自己顕示欲や承認欲求が強くあったとしても大丈夫です。自分で自分のことをしっかりと認めることができるようになるとなくなってきます。自分が満たされていないために人に求めているだけなのです。

日本人は外国人と比べて自己肯定感が低いと言われますが、やはり「私など」と謙遜することが美徳と思い込んでそれがクセになってしまっているのです。満足することがいけないような風潮があります。「よし、今はここまでできた」と十分満足して、さらにまたそこから成長することを望めば良いのです。

また、**自分のことを褒めることができると、人の良いところにも目を向けることができ、褒めることも容易にできるようになります。**嬉しかったり良かったりしたことがあったときは素直に伝えてみましょう。するとそこから、プラスの連鎖が生まれ、さらにお互いに高め合っていくこともできます。

あなたの感性を世にだしましょう

やりたいことを通して活動することは、あなたの感性を世に出すことです。「感性って言われても、自分はアーティストじゃないし」と思われるかもしれません。でも、活動することでちょっとしたことでもあなたの持つ感性が伝わるのです。大げさなことでなくてもいいのです。

商売する方なら、商品をどう売るのか、その置き方、魅せ方とか。ボランティア活動でゴミをただ拾うだけでも、手袋をして拾うのか、トングを使って拾うのか、アクロバットしながら拾うのか。派手な衣装を着て歌いながら拾うのか（笑）。個人の感性とは、自然にできていることです。ごく普通にやっていても、他の人から見たら、思いつかないような面白いことだったりします。

「本来の自分」の感性を発揮することで、人は寄ってきます。そういう時、寄ってきた人は「特に理由はないけど『何かいいな、面白いな』と思ったので来てみました」と言ったりします。感性とは、いわばあなた自身から湧きあがり、にじみ出るエネルギーみたいなものです。それは上手い下手ではなく「味がある」と表現されたりもしますね。発揮することであなた自身のありのままの魅力が伝わります。内容がいわゆるマニアックなものだとしてもいいのです。多くの人に受け入れられなくてもいいのです。それこそが個性ですので刺さる人が世の中には必ずいます。

どんどんあなたの感性を世に出しましょう。

第5章
やりたいことがやれていないときやれているとき

やりたいことがやれていないとき

やりたいことをやれていないとき、自分では動かないで、いろんなことを人にさせようとします。人を振りまわしたあげく、人に指示したことでは満足がいかず、不満がでるでしょう。それでは、不健全な人間関係になります。

また、潜在的にエネルギーが強い人ほど、人に攻撃的になります。完全に力を持て余しているからです。

例えば、ネットでは批判的なコメントがあふれていますが、やりたいことをやれている人は、恐らくそんなところにエネルギーを使うのはもったいないのでしません。というか、余計な情報をみるヒマもありません。自分のことに邁進したいので。

私も以前は人に対して「自分だったらこうするのにな」とか、「私ならこう思う」という自分勝手な視点で批判的になることがよくありました。そんな時、友人にこう言われました。「言いたいことがあるのなら直接本人に言ったらどう。リングの外で腕組みして偉そうにごちゃごちゃ言うのが私は一番かっこ悪いと思うの。リングに上がって来いよと思う」そう言われてハッとしました。批判はするけども面と向かっては言えない自分がとても恥ずかしくなりました。自分がそんな状態だと気づいた時は、人に意識を向けるのではなく自分自身に意識を向けてみましょう。人への見る目が変わってくると思います。人の一面だけ見て批判するのは間違っていたことに気づくはずです。

また、自分は無力だ。そのように言う人は多いかもしれません。「私など何もできません」と謙遜が美徳とされている日本では、特にそのように言うことがむしろ良いことのようにさえ思えるかもしれません。「私など何もできません」。今の私にはそれは呪いの言葉のように聞こえます。「自分は何の能力もない。無能である」

と自分で自分に暗示か呪文をかけているようです。

ここまで読んでいただけたら、もうおわかりだと思いますが、まだ何もしてないから無力、無能としか思えないのです。単純に自分に何ができるのか、やってみていないのでまだわからない状態です。

たとえ、「あなたはすごいですね。こんなことができるなんて」と、誰かに認められたとしても無理なのです。自分自身がやってみて心から実感することでしか無力感や無能感を払拭することはできません。「心を込めておいしいお茶を淹れることができた。そして、それを飲んでくれた人がおいしいとよろこんでくれる」「ちょっとしたことでも、人を笑わせることができて嬉しかった」とか、まずはどんな些細なことでもいいのです。自分にもやれることがあった。そう思えたときの感動をぜひとも味わって頂きたいです。

《やりたいことがやれていないとき》

・自分ができていないので、人にやらせようとしたり指示をしたりする。
・できている人、やっている人がうらやましいので批判的になる。
・不平不満を言ったり、誰かのせいにしたりする。
・エネルギーを持て余しているので人に攻撃的になる。
・無力感、無能感を感じる。
・生きている歓びをあまり感じられない。
・自分の意志がなく動いてしまうので人に依存したり、逆にさせたり不健全な人間関係になる。
・自分の本当の才能がわからない。
・やってもいないのにはじめから諦める。
・マウントの取り合いをする　etc.

やりたいことがやれているとき

やりたいことをやっていると一人ではできませんので、人に助けてもらう機会が多くなります。そこから本当の意味での感謝が湧いてきます。「人には感謝しなさい」とよく言われますが、感謝とは自分の内側から勝手にあふれ出るものです。感謝しなさいと言われても、そもそも、感謝が何かはっきりとはわからないのにできません。でも、「感謝って何？」と今さら人にも聞けませんよね（笑）

「ありがとう」と言われてもなんだかイライラする「ありがとう」もあれば、本当に心のこもった「ありがとう」があります。言葉だけならなんとでも言えます。そこに心がこもっているのか、こもっていないのか。これはきっと伝わります。やりたいことをすることで本当の意味での感謝を知ることができるようになります。そして、本当の「ありがとう」が言えるようになるのです。前に進みたいという気持ちが強ければ強いほど人への感謝も大きくなります。

また、やりたいことは、自分が主役となって行動することです。自分の感覚、動き全てがあわさって結果につながることを知っているので自分のことを大切にできます。そのため、人のことを尊重できるようになります。人がすることは、その人が主役なので過度に干渉しなくなります。素直に見守ることができます。

みんなが唯一無二の存在ですから、人をうらやむでもなく、互いの能力を認めあい、違いを受け入れ合って応援することができるようになります。お互いがお互いの素敵な応援団になることができるのです。

《やりたいことがやれているとき》

・無理をせず自然体で生きられる。

・イキイキとして毎日が充実する。
・自分が満たされているので人のやることを寛容に受け入れることができる。
・動いているため、フットワークが軽くなる。
・本気で自分のやるべきことをやっているので必要以上に余計なことを言わない。
・一人ではできないので、本当の意味で周りへのありがたさがわかるようになる。
・自分のことを大切にするので、人を尊重できるようになる。
・自分も助けられているので人に優しくできる。
・くよくよ考えているよりも、やってみようとポジティブな考えになり周りにも良い影響がでる。
・生活に張りがでて、些細なことは気にならなくなる。単純に機嫌もよくなり家族も喜ぶ。
・やりたいことを通して、仲間がどんどん増える。仲間とともに高め合うことができる。
・自分の能力をみがき、できることが増えていく。

・本当に大事なことが何か理解できて、しっかりとした意見が言えるようになる。

世界中の人々が自分のやりたいこと、ずっとやってみたかったことをやりはじめるとどうなるか想像してみてください。きっと、みんなイキイキとして楽しく、嬉しく、そして、やりはじめたことで出会った人々と共に良い表情であることが想像できるでしょう。そして、そのために**必要なお金も動き、人も動く、モノも動いてどんどん活性化していきます。**それだけでも世の中が確実にプラスに変わっていきます。

一人一人が動きはじめるとどうなるか、個人の力は小さなことかもしれませんが、やりたいことをはじめるという**プラスのパワー**は周りの人へどんどん伝わり、**あなた自身が台風の目**となります。その結果、世の中が変わる影響力を持ちはじめるのです。**プラスの連鎖**が次々と起きてきます。**それだけの力を一人一人が持っていま**

す。

何度も申し上げています通り、何かものすごく特別なことをしなくてもいいのです。それぞれが、できる自分の力を発揮して、やりたいことを前向きにはじめる。時には目的のために必死に頑張るという「生き様」を見せていくだけでいいのです。それに刺激を受けて周りも動き出します。自分のために純粋に頑張っていることが結果として誰かの役に立つのです。そんな方々がどんどん増えていったらどうなるか、想像するだけで楽しくワクワクしてきませんか。

スタートに早い遅いはありません。
いつも「今」が最高のタイミングなのです。

おわりに

もうすぐ地球に新しい時代がやってきます。

私たちは実は、地球に生まれたくて生まれてきました。すっかり忘れてしまっていますが、この時代にしかできないこと、この地球でやりたいことがあるから自ら熱望して生まれてきたのです。

ここからがさらに、人生の本番となります。しかしながら、まだ地球を本気で担う人が足りません。

「本来の自分」で生き、やりたいことをはじめる人がまだまだ足りないのです。今は極端に言いますと、一部の人が地球を支えている状態です。

皆様は日本でこんなに漫画やアニメ、ゲームがなぜ大ヒットしているのか、さらに世界中の多くの人が心惹かれているのか考えたことがありますか。真実がそこにあるからです。一見あり得ないことのような内容でも、様々な真実がそこに表現されています。それが無意識に心に響くのです。

例えば、アニメのようにそれぞれの能力を使って、人知れず地球を支えている人たちが本当にいます。長い歴史のなかでもずっとずっと陰ながらエネルギー的に地球を守ってきました。

自然の中にいる見えない存在たちが描かれている作品もありますね。自分の役割を知り、真っ直ぐに自然を守っている存在たちも本当にいるのです。その存在を身近に感じて生活している方もいらっしゃるでしょう。

ゲームのように光と闇の戦いも本当にあります。転生ものも流行っていますね。そこになぜ惹かれるのか、感動するのか。「たかがアニメやゲーム、絵空事でしょ」と思われるかも知れませんが、実際のことにリンクしている内容が描かれているからです。なぜかその世界に入り込んでしまうのはいつかどこかで体験していることだからです。たかがではありません。作家さんたちがそれぞれにインスピレーションを受けて描いたものなのです。想像できることは実際に起こり得ることなのですから。

今、こうやってようやくそのことを堂々と言える時代が来ます。

もういいのです。裏も表も全部明るみにでる時代が来ます。

一人一人がこの時代を選んで、「よし！　やるぞ！」という気持ちで生まれてきました。

そして、実は今がやりたいことをはじめる最大で最後のチャンスなのです！

皆様が地球と同じプラスの方向を向いて動きはじめると、間違いなく地球が全面協力します。力強い後押しが来ます。地球もそれを望んでいます。

ペットや赤ちゃんが言葉を話さずとも考えていることがなんとなくわかる、という体験をした方は少なくないでしょう。樹木や植物も声なき声を発しています。頭を空っぽにして何か質問をしてみて下さい。きっと何か感じることができるでしょう。疑わないことです。それが私たちのもつ本能なのです。できるのです。

ぜひ、地球の声にも耳を傾けてください。昔の人間はそれが普通にできていました。空をみれば「雨が降りそうだ」風が吹けば「嵐がくるな」とわかり全身で地球を感じていました。四季を感じ、花を愛で、鳥と会話し、自然とともにさわやかに生きてきました。

今はスマホで雨雲レーダーをみて傘を持っていきます。でも、それが悪いことではないのです。その技術と人間の本能をあわせれば、さらにどんなに素晴らしいものが生み出されるのでしょうか。想像するだけでワクワクします。

いつの間にか目に見えるものだけを信じ切ってそれ以外を排除してきたがために、本能が失われてきたのです。人間の持つ力というのは無限の可能性があります。私たちの力は「まだまだこんなものではない」のです。

すべての感覚をフルに活用して、一人一人が本気で自分の持つ可能性と向き合って生きて欲しい、それが地球の願いです。

さて、気づいている方もいらっしゃるかもしれませんが、これから地球が大きく進化するためにエネルギーがあがっていきます。地球上の生命すべてがその影響を受けます。それによって「本来の役割」に目覚める人がもっともっと増えてきます。そのため、今までなかった能力が開花することもあるでしょう。なかには不思議な能力もあるかも知れませんし、いろんなことが起き始めるかも知れません。新時代の子どもたちも新しい感覚をもって生まれてきています。思わぬことがあっても、ビックリしないでください。動揺しなくても大丈夫です。これからは「本来の自分」をますます発揮していく素敵な時代となります。頭を柔らかくして、何があっても地球と呼吸をあわせる気持ちになり「本来の自分」で、ポジティブにどんどん動いていきましょう。

最後になりましたが、本書を手にとっていただいた読者の皆様に心より感謝申し上げます。

そして、地球と地球の見えるもの、見えないもの全ての存在に感謝申し上げます。

また、今回このように出版させていただく機会をいただきました、三楽舎プロダクション様には私のやりたいことを最大限ご理解いただきスムーズに出版へとつながりましたこと、感謝申し上げます。

私がこの人生で本当にやりたかったことは、この時代で多くの人がそれぞれの能力をプラスに発揮して活動することを後押しする、応援することです。この本によって「よし、やるぞ!」と、動いてくださる方がお一人でもいらっしゃいましたなら、それはもう、とてもとても嬉しく、光栄なことです。私自身も頑張って、頑張る人をさらに応援してまいりたいと思っています。今後も執筆やセッションなどを通して皆様の後押しをさせていただくという人生のやるべきことに邁進していきます。

これからはじまる新時代を共に生きていきましょう。

Dream come true

本書を読んでいただいたみなさまにささやかながら私からのメッセージを込めた「動画のプレゼント」があります。

ここではまだまだ書けないこと、伝えきれなかったことなどさらにみなさまのお役に立てる内容をお伝えします。

左記のＱＲコードをからご覧いただけます。

ぜひ、ご覧ください。

おいたて みはる

ヒーリングカウンセラー。
ワンスペース代表。
鹿児島市在住。３歳より鹿児島県鹿屋市で育つ。
1976年３月31日大阪府枚方市生まれ。
Human Academic Lab 認定。
タマラアドバンストプラクティショナー。
教育学修士。

まわりの人から常に相談を受ける学生時代、OL 時代を過ごす。
コロナで生死をさまよい、自分のやるべきことを思い出し、
悩みを抱えた人や一歩踏み出せない人へ後押しをする活動を
本格的に開始する。
その、セッションでは、人の本来持つ能力を引き出し、
本気で生きるための気づきをもたらすことで勇気を与え世に
送り出している。
執筆、エネルギーワーク、ヒーリングセッションを通して
人を導く担い手として活躍中。

『すべてをプラスに変える生き方』
〜あなたには人生でやるべきことがあります〜

2024年６月14日　第一刷発行

著　者　　おいたて みはる

発行所　　㈱三楽舎プロダクション
〒170-0005　東京都豊島区南大塚3－53－2
大塚タウンビル３階
電話 03-5957-7783　FAX 03-5957-7784

発売所　　星雲社（共同出版社・流通責任出版社）
〒112-0005　東京都文京区水道1－3－30
電話 03-3868-3275　FAX 03-3868-6588

印刷所　　創栄図書印刷
装　幀　　横山 勝
DTP 制作　CAPS

万一落丁、乱丁などの不良品がございましたらお取替えいたします。
小社までご連絡ください。
ISBN978-4-434-34010-9　c0095

三楽舎プロダクションの目指すもの

三楽舎という名称は孟子の尽心篇にある「君子に三楽あり」という言葉に由来しています。

孟子の三楽の一つ目は父母がそろって健在で兄弟に事故がないこと、二つ目は自らを省みて天地に恥じることがないこと、そして三つ目は天下の英才を集めて若い人を教育することと謳われています。

この考えが三楽舎プロダクションの根本の設立理念となっています。

生涯学習が叫ばれ、社会は少子化、高齢化さらに既存の知識が陳腐化していき、われわれはますます生きていくために、また自らの生涯を愉しむためにさまざまな知識を必要としています。

この知識こそ、真っ暗な中でひとり歩まなければならない人々の前を照らし、導き、激励をともなった勇気を与えるものであり、殺風景にならないように日々の時間を彩るお相手であると思います。

そして、それらはいずれも人間の経験という原資から繭のごとく紡ぎ出されるものであり、そうした人から人への経験の伝授こそ社会を発展させてきた、そしてこれからも社会を導いていくものなのです。

三楽舎プロダクションはこうしたなかにあり、人から人への知識・経験の媒介に関わり、社会の発展と人々の人生時間の充実に寄与するべく活動してまいりたいと思います。

どうぞよろしくご支援賜りますようお願い申しあげます。

三楽舎プロダクション一同